1 はるが きたよ

シールを つかおう！

春の庭の様子です。41ページの夏の庭の様子と比べてみましょう。

⭐ に はるの はな・むし・たべものの シールを はりましょう。

ほかに はるを かんじる ものを みつけて, いって みましょう。

シールを つかおう！

季節の植物や生き物の観察は、小学3・4年生の理科の学習につながります。

2 みつけた はるを おしえて

みた ことが ある ものに，シールを はりましょう。

たんぽぽ

つくし

ちょう

てんとうむし

パンジー

つなげて かんむりを つくって みよう！

しろつめくさ

きゅうこんから そだつよ！
チューリップ

この はなの なまえを しって いたかな？
ひめおどりこそう

おたまじゃくし

シールを つかおう！

3月3日は「桃の節句」です。日本の伝統行事にまつわる言葉にふれます。

3 ひなまつりを いわおう

えに あう ことばシールを ★ に はりましょう。

4 「かいあわせ」を やって みよう

「貝合わせ」は，はまぐりの貝がらの内側に描かれた，対になる絵を探して合わせる遊びです。

かいの なかに えが かいて あるよ。おなじ ものの えを みつけて，●━━● で つなぎましょう。

★うすい せんは なぞりましょう。

さくら，みつけた！

5 はるの しぜんを みて みよう

春になると，植物や生き物がどのように変化するか迷路で確かめます。

ただしい ほうを えらんで，ゴールまで すすみましょう。

6 はるは どんな かんじかな？

シールを つかおう！

日々の生活の中で，春の訪れに気づかせます。

ただしい ほうを えらんで，🌸シールを はりましょう。

かぜは？

- シール あたたかく かんじる。
- シール つめたく かんじる。

マフラーや てぶくろは？

- シール つけはじめた。
- シール いらなく なった。

あたたかく なったね！
「はるだな。」と おもうのは どんな ときかな？

だんぼうきぐは？

- シール つかわなく なった。
- シール つかうように なった。

ほかにも きが ついたら すごいよ！
おうちの ひとに はなして みよう！

はなせたら，シールを はろう。 シール

7 はるの はいくを よんで みよう

俳句は，五・七・五の十七音でできた短い詩です。声に出して読んでみましょう。

ゆびを おりながら，はいくを よんで みましょう。

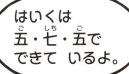
はいくは 五・七・五で できて いるよ。

ひともじずつ ゆびを おりながら よんで みよう！

なのはなや
つきは ひがしに
ひは にしに

与謝 蕪村

一（いち） な
二（に） の
三（さん） は
四（し） な
五（ご） や

なんども よんで おぼえよう！

おぼえたら，シールを はろう。

8 さくらふぶきめいろに ちょうせん

さくらふぶきの なかを とおりぬけて, ゴールまで すすみましょう。

おなじ みちは 2ど とおれないよ。

シールを つかおう！

ここでは,「旬」という言葉と和食のルール（ご飯・汁物・はしの置き方のルール）を知ります。

9 はるの たべものを ならべて みよう

はるが しゅんの たべものを たべるよ。ごはん, しるもの, はしの シールを はりましょう。

いちばん おいしい ときを しゅんと いうよ。

にもの
ふきの にもの

やきもの
さわらの しおやき

あえもの
なのはなの おひたし

ごはん
たけのこの たきこみごはん

しるもの
あさりの おすいもの

はし

ごはんは, ひだりての ほうだよ。

いただきます！

しるものは, みぎての ほうだよ。

> 昔から使われている身体尺の1つ「あた」を使って，ちょうどよいはしの長さを調べます。

10 はしの ながさを はかろう

はしの ちょうど よい ながさは，「ひとあたはん」と いわれて いるよ。あなたの はしの ながさを しらべて みましょう。

「ひとあたはん」って なにかな？

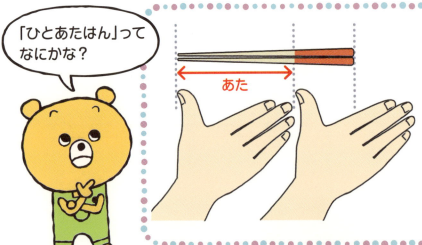

「あた」は，おやゆびと なかゆびを ひろげた ながさだよ。
「あた」ひとつぶんと はんぶんで 「ひとあたはん」と いうよ。

やりかた

1. あなたが いつも つかって いる はしを よういしよう。

2. はしの ながさと，あなたの 「ひとあたはん」を くらべよう。

3. あなたの はしは 「ひとあたはん」と くらべて どうだったかな。 ◯を なぞりましょう。

- ひとあたはん より **ながい**
- ひとあたはん と **おなじ**
- ひとあたはん より **みじかい**

シールを つかおう！

シールを貼りながら、「どんなお弁当が好きかな。」などと会話するといいですね。

12 はなみを たのしもう

やった ことや たべた ことが ある ものに， や シールを はりましょう。

こんな ことわざを しって いるかな？

はなより だんご

きれいな はなを みるより，おいしい ものを たべる ことが すきな ようすを いった ことばだよ。

ぼくは はなより だんご！

実際に，雨の日と晴れの日にたんぽぽの花を観察してみてください。

13 たんぽぽクイズに ちょうせん

ただしい ほうを えらんで，ゴールまで すすみましょう。

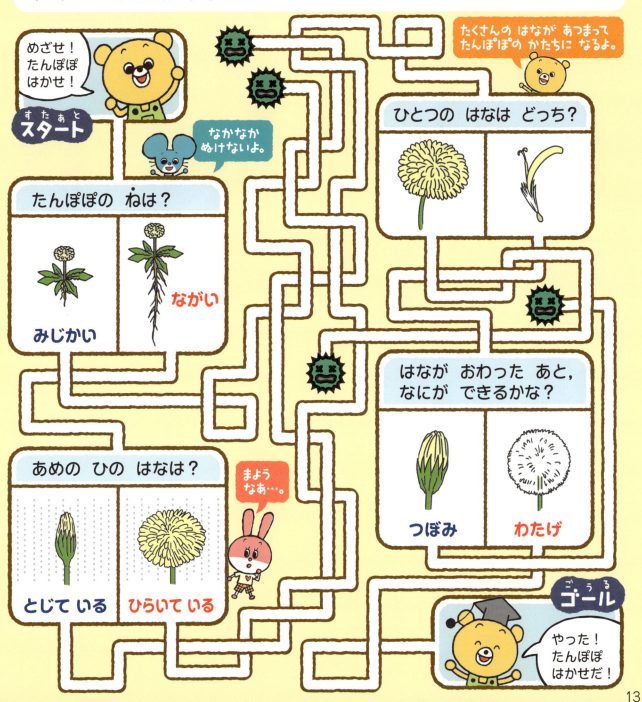

> シールを つかおう！

たんぽぽの綿毛には，種がついていることも教えてあげましょう。

14 はるの くさばなで あそぼう

あそんだら，シールを はりましょう。

たんぽぽの わたげとばしに ちょうせん！

わたげを ふうっと ふいて みよう。

シール

わたげは どこへ いくのかな？

かぜに のって とおくへ いくよ。

→ じめんに おちるよ。

↓

おちた ところで めを だすよ。

なずなの すずを つくって みよう！

みが，くきから はずれないように そっと したに さげる。

↓

みみの ちかくで みぎ・ひだりに ふって みよう。

シール

どんな おとが したかな？
おうちの ひとに はなして みよう！

15 はるの むしを かんさつしよう

なのはなには どんな むしが あつまるかな。□を よんで、★に むしシールを はりましょう。

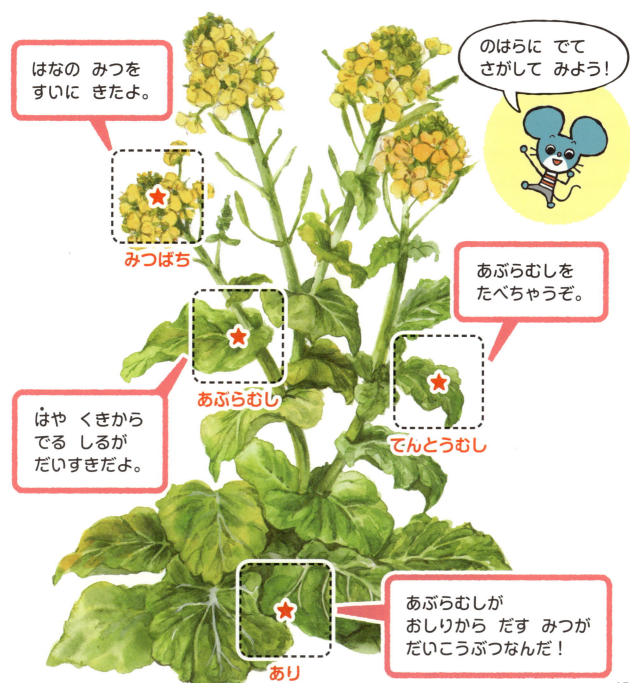

17 おりがみで はるを つくろう ①

折り紙でチューリップを作ります。この他にも，オリジナルの花を考えて作ると楽しいですね。

おりがみで，チューリップを つくりましょう。
じょうずに できるかな。

はなを つくろう

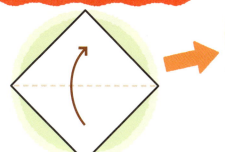
さんかくに おる。

てんせんで おる。

りょうはしを うしろに おる。

できあがり！

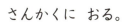
はと くきを つくろう

1まいの おりがみを 4つに わける。

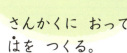
さんかくに おって はを つくる。

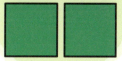
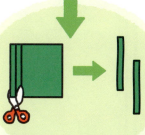
ほそながく きって くきを つくる。

はさみを つかう ときは，けがを しないように きを つけよう！

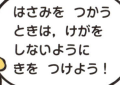

はな，は，くきを くみあわせて できあがり！

折り紙でちょうを作ります。17ページのチューリップと組み合わせると，春の風景が作れます。

18 おりがみで はるを つくろう ②

おりがみで，ちょうを つくりましょう。

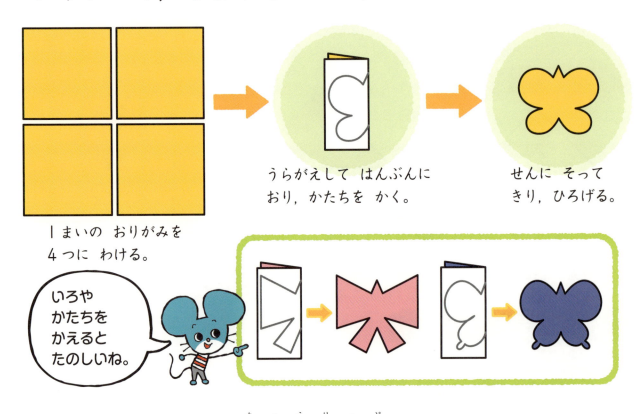

17で つくった チューリップと くみあわせて，はるの けしきを つくって みましょう。

19 はるの うみの たべものを みて みよう

シールを つかおう！

海の食べ物にも旬があります。鮮魚売り場で調理前の姿を見てみるといいでしょう。

うみの なかに いる ときは、どんな すがたかな。
●——● せん で つなぎましょう。

スーパーマーケットや さかなやさんで みつけたら、 シールを はりましょう。

春が旬の野菜や果物を切り，切り口がどんな形になるかを確かめてみましょう。

20 はるが しゅんの たべものを きって みよう

------- のように きったら，きりくちは どんな かたちに なるかな。
●—● で つなぎましょう。
せん

おうちの ひとと いっしょに きって，たしかめて みよう！

いちご

たまねぎ

ゆでた たけのこも，たてや よこに きって みよう！

どんな かたちに なるのかな？

21 なつも ちかづく 八十八夜(はちじゅうはちや)

立春から数えて88日目を「八十八夜」と言い,そのころに摘んだお茶を飲むとよいとされています。

「ちゃつみ」の うたを うたって みましょう。

ちゃつみ(唱歌(しょうか))

なつも ちかづく
　八十八夜(はちじゅうはちや)
のにも やまにも
　わかばが しげる
あれに みえるは
　ちゃつみじゃ ないか
あかねだすきに
　すげの かさ

「ちゃつみ」の てあそびも たのしいよ！

すげの かさ / あかねだすき

おちゃの はは どちらかな。
ただしい ほうに ○を つけましょう。

つんだ はから, ちゃばが できるよ。

ちゃば

やわらかそうな ほうかなあ…。

22 あたたかい おちゃを いれよう

シールを つかおう!

お子さんと一緒にお茶を入れてみましょう。
お茶の入れ方は小学校の家庭科で学びます。

おちゃを いれる じゅんばんが ただしく なるように, □に 2, 3, 4を かきましょう。

1 ゆのみに おゆを そそぎ, あたためて おく。

□ きゅうすに ちゃばを いれる。

ひとりぶんは ティースプーン 1ぱいくらい だよ。

□ おちゃを すこしずつ いれる。2〜3かい くりかえす。

おちゃの こさが おなじに なるよ。

□ おゆを きゅうすに いれる。

おゆを いれる ときは, やけどを しないように きを つけましょう。

おちゃを どうぞ。
ありがとう!

あなたも おうちの ひとに おちゃを いれて あげよう!
いれたら, シールを はろう。

シール

24 たんごの せっくでは なにを するかな？

端午の節句の行事を確かめます。その他はいつする行事なのかも話してみましょう。

たんごの せっくで する ことだけを たどって、ゴールまで すすみましょう。

スタート
どんな ことを するのかな？

5月5日は、たんごの せっくだね。

よろいや、かぶとを かざる。

さくらもちを たべる。

こいのぼりを たてる。

かどまつを かざる。

かしわもちを たべる。

ゆずゆに はいる。

ささを かざる。

まめを たべる。

しょうぶゆに はいる。

ちまきを たべる。

どれだけ しって いたかな？

ゴール

シールを つかおう！

25 おうちの ひとに カードを おくろう ①

5月の第2日曜日は「母の日」です。カードを贈って、おうちの人に感謝の気持ちを伝えます。

ハートが とびだす カードを つくります。-----で きりはなして、おてがみや えを かきましょう。おりかたは うらを みてね！

26 おうちの ひとに カードを おくろう ②

シールを つかおう！

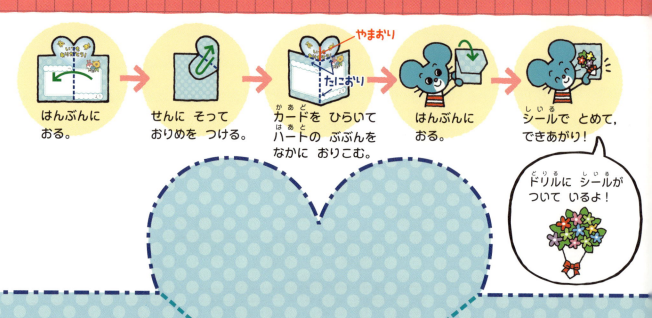

はんぶんに おる。 → せんに そって おりめを つける。 → カードを ひらいて ハートの ぶぶんを なかに おりこむ。 → はんぶんに おる。 → シールで とめて、できあがり！

ドリルに シールが ついて いるよ！

27 つばめの くらしを みて みよう

春の鳥の中でも，身近な場所で観察できるつばめの生態を，迷路を通して知ります。

めいろを たどると，つばめの こそだての ようすが わかるよ。たどって みましょう。

28 はるの とりは どんな なきごえかな？

春の代表的な鳥を取り上げています。コードで，実際の鳴き声をきくことができます。

なきごえと とりを ──── で つなぎましょう。

コードで なきごえが きけるよ！

ホーホケキョ

ピーチク パーチク

カッコウ

かっこう

ほかの とりの すに たまごを うむよ。

うぐいす

「はるつげどり」とも よばれて いるよ。

ひばり

はるの そらを たかく とぶよ。

29 かぜの おとを かんじて みよう

風薫る5月。風の様子によって異なる擬音語・擬態語を楽しみます。

かぜは つよさに よって, おとや ようすが ちがうよ。したの ことばを こえに だして よみながら, じと せん(〜 や ◯)を なぞりましょう。

そよそよ

きもち いいね。

ぴゅう ぴゅう
すこし つよく なって きたよ。

ごうごう
うわあっ！ とばされるー！

「ごうごう」と いう かぜを せんで かいて みよう！

風の強さを目に見えるもので確かめることができます。

30 かぜが つよいのは どれかな？

ただしい ものに ○を つけましょう。

かぜが いちばん つよいのは どれかな？

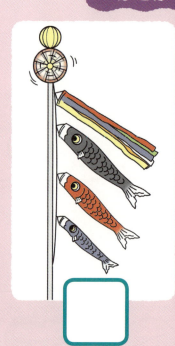 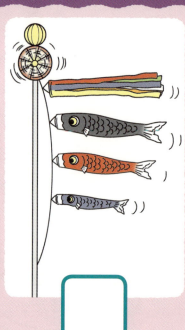 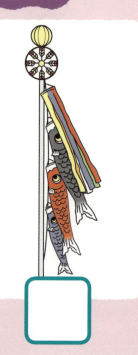

かぜが つよいのは どちらかな？

かぜが つよいと ふくろは どう なるかな？

ビニルぶくろを つかって ためして みよう！

> 雨の降り方によって異なる擬音語・擬態語を確かめながら、様子を想像してみましょう。

31 あめの おとを きいて みよう

あめの おとを あらわす ことばは いろいろ あるよ。
こえに だして よみながら、じと せんを なぞりましょう。

32 あめの ひは どんな おとが するかな？

雨が屋根にあたる音，すべり台にあたる音など，いろいろな雨の音を想像させます。

　　　　　には，どんな ことばが あうかな。
じゆうに いったり かいたり して みましょう。
　　　　　の ことばも ヒントに してね。

やねに あたると

すべりだいに あたると

いぬの はなに あたると

みずたまりで あしぶみすると

くるまが はしると

みずたまりに とびこむと

ぴとん　ばしゃばしゃ　ばしゃん　ばらばら　ざっぱあん　ざばざば
ぽたぽた　ちゃぷちゃぷ　じゃぶじゃぶ　ばちゃばちゃ　じゃばじゃば　ぽとん

33 ころもがえを しよう

シールを つかおう!

6月1日は衣替えです。夏に向けて着るものと そうでないものの違いをとらえます。

なつに むけて だす ものに だす シールを,
かたづける ものに かたづける シールを はりましょう。

なつの ふくと ふゆの ふくを いれかえる 「ころもがえ」を して みよう。

34 ハンカチを たたもう

衣替えに関連して洗濯物をたたみます。たたみ方を考えることは，図形の学習にもなります。

せんたくものを たたむ おてつだいを して みよう。したのように ハンカチを たたむと，どんな かたちに なるかな。えらんで，◯を なぞりましょう。

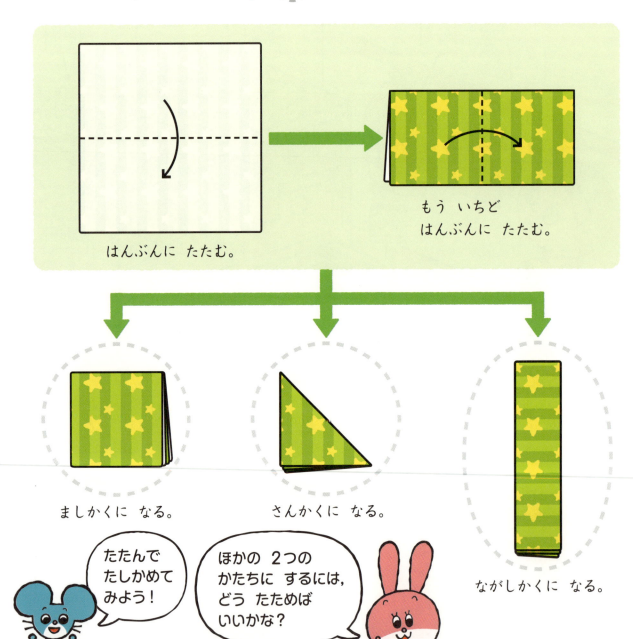

梅雨の時期によく見られる、かたつむりを観察してみましょう。

35 かたつむりを かんさつしよう

かたつむりの からだを みて みましょう。

から からだの うえに のって いるよ。

いきを する あなが あるよ。

め ながい しょっかくの さきに ついて いるよ。

しょっかく みじかい ほうは、たべものを さがす ときに つかうよ。

あし（ふくそく） ぴったり すいつきながら、すすむよ。

かたつむりには、いろいろな ひみつが あるよ。
ただしい ものに ○を つけましょう。

からだの ひみつ
- からだ ぜんたいを からの なかに しまえるよ。
- からの いろを かえられるよ。

すすみかた
- ほそい くきでも らくらく すすめるよ。
- うしろむきに すすむのが とくいだよ。

シールを つかおう！

かえるとざりがにのジャンプをまねた運動遊びをします。

38 いろいろな ジャンプ、できるかな？

かえると ざりがにの ジャンプを まねして みよう。
できたら、シールを はりましょう。

コードで どうがが みられるよ！

かえるジャンプ

あしを ひらいて しゃがむ。
ては、パーに して ゆかに つける。

うでを あげて ジャンプする。

ケロケロ！

なんどか くりかえそう！

シール

ざりがにジャンプ

うしろに ひとや ものが ない ことを たしかめよう。

あしを とじて、てを まえに のばして しゃがむ。

てを のばしたまま、うしろむきに ジャンプする。

ビューン！

シール

6月4日から10日は,「歯と口の健康週間」です。
歯について考えるきっかけをつくります。

39 はは なんぼん あるかな？

はの かずを かぞえて みよう。
かぞえたら, えと すうじを
——で つなぎましょう。
せん

はの かずは ちがうんだね。

ひと（こども）

ひと（おとな）

ぞう

ねこ

| 4 ほん | 20 ぽん | 30 ぽん | 28 ほん |

あなたの はは なんぼん あるかな？

かがみを みながら かぞえて
みよう。かぞえたら, かずを
☐に かきましょう。

 ほん

シールを つかおう！

歯みがきの習慣を身につけます。きちんと できたら、ほめてあげてください。

40 はみがきは できて いるかな？

まいにち ただしく はを みがけて いるかな。
はみがきを したら，したの「はみがき できたかな？」に
シールを はりましょう。

▼てんせんで きりとって，みえる ところに はろう。

はみがき できたかな？

ひにち	がつ　にち	がつ　にち	がつ　にち	がつ　にち	がつ　にち	がつ　にち	がつ　にち
あさ	シール	シール	シール	シール	シール	シール	シール
ねる まえ	シール	シール	シール	シール	シール	シール	シール

まえば
シャカシャカ

おくば
シャカシャカ

はの うら
シャカシャカ

きれいに
なったかな？

夏の庭の様子です。1ページの春の庭の様子と比べてみましょう。

41 なつが きたよ

★ に なつの はな・むし・たべものの シールを はりましょう。

ほかに なつを かんじる ものを みつけて、いって みましょう。

42 みつけた なつを おしえて

みた ことが ある ものに, シールを はりましょう。

あさ はやく さくよ！

あさがお

マリーゴールド

あさ はやく さいて、ひるに なっても しぼまないよ。

ひるがお

かまきり

ほうせんか

かぶとむし

ひまわり

おしろいばな

はなに つけると てんぐみたいだよ！

43 たなばたの まちがいさがしを しよう

75ページを参考に，七夕飾りの由来について教えてあげるとよいですね。

2つの えを よく みて，
ちがう ところを 5つ さがしてね。
みつけたら，○で かこみましょう。

こちらの えに ○を つけてね。

44 なつの よぞらを みて みよう

夏の大三角は, 夏の代表的な星の集まりです。実際に観察してみましょう。

よぞらの ほしの ベガと アルタイル, デネブを つなぐと, さんかくが できるよ。せんを なぞって, さんかくを かきましょう。

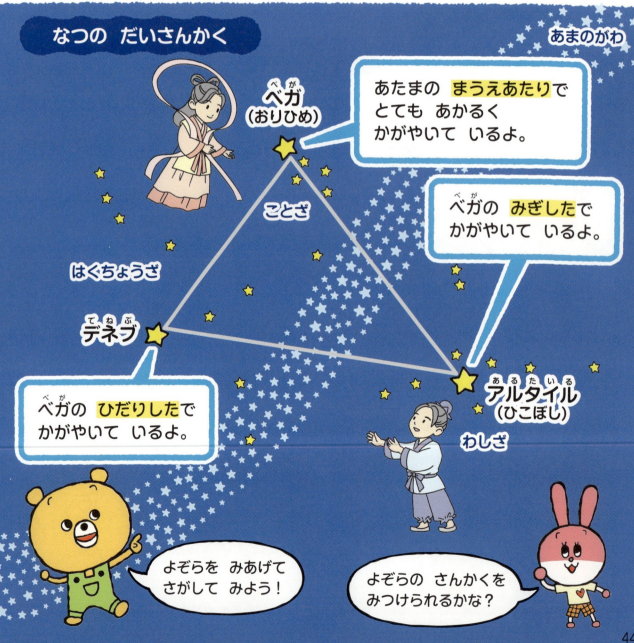

45 なつの しぜんを みよう

なつの しぜんの ようすで, ただしい ほうを えらんで ゴールまで すすみましょう。

46 なつは どんな かんじかな？

ただしい ほうを えらんで、なつがきたシールを はりましょう。

あせは？

- シール あまり かかない。
- シール たくさん かく。

あつく なったね！「なつだな。」と おもうのは どんな ときかな？

おみせで よく みるのは？

- シール すいか
- シール かき

のみたく なるのは？

- シール あたたかい のみもの。
- シール つめたい のみもの。

ほかにも きが ついたら すごいよ！おうちの ひとに はなして みよう！

はなせたら、なつがきたシールを はろう。 シール

47 てんきを しろう

ただしい ほうを えらんで、〇を つけましょう。

にゅうどうぐもは どちらかな？

いわしの むれみたいな くもだよ！

もこもこっと もりあがって いる くもだよ。

にじは どのように みえるかな？

そとがわが あかだよ！

うちがわが あかだよ！

かみなりは どちらが さきかな？

ドーン！

ぴかっ！

もちろん、おとが さきだよ！

いやいや、ひかりが さきだよ！

たいふうが くると どう なるかな？

かぜが つよく なる ことが おおいよ。

はれる ことが おおいよ。

はれた ひに そとに でて,
にじを つくって みましょう。

にじが みえるのは どちらかな。
○を つけましょう。

49 なつの はいくを よんで みよう

なつの はいくを こえに だして よんで みましょう。

★うすい じは なぞりましょう。

なつの ことばは どれかな?

ひまわりの
ゆさりとも せぬ
おもたさよ

北原 白秋(きたはら はくしゅう)

しずかさや
いわに しみいる
せみの こえ

松尾 芭蕉(まつお ばしょう)

50 なつの ことばを

ただしい ほうを えらんで、ゴールまで すすみましょう。

51 どようの うしの ひ を

「どようの うしの ひ」に、「う」が つく たべものを たべると、げんきに すごせると いわれるよ。たべた ことの ある ものに、シールを はりましょう。

★うすい じは なぞりましょう。

52 「う」の あつめよう

あたまに「う」の つく ものを えや もじで かいて みましょう。おうちの ひとに おはなししても いいよ。

あたまに「う」が つく ものは どれぐらい あるかな？

うさぎ, うま！

うきわ, うちわ！

がんばって じを かいたよ！

じょうずに できたら，シールを
はりましょう。

コードで
つくりかたの
どうがが
みられるよ！

ざいりょう

- ゆでた そうめん…ふたりぶん
- めんつゆ(ストレート)…100mL
- トマトかん……………200mL
  (トマトの かんづめ)
- オリーブオイル……おおさじ2
- トマト………………はんぶん
- きゅうり……………はんぶん

1 ぶんりょうを はかる！

トマトかんと めんつゆは
けいりょうカップで，
オリーブオイルは
けいりょうスプーンで
はかる。

⭐

2 ざいりょうを まぜる！

トマトかんと めんつゆと
オリーブオイルを まぜる。
そこに，ゆでた そうめんを
いれて まぜる。

⭐

3 もりつける！

おうちの ひとと
いっしょに きってね！

2を
うつわに もりつけて，
きった トマトと
きゅうりを のせる。

⭐

あつい なつの
ひに ぴったりの
メニューだよ。

じょうずに できたら，
シールを はろう。

シール

昔から伝わる，夏を快適に過ごす工夫について知ります。

55 なつを すずしく すごそう

あつい なつを すずしく すごす くふうが あるよ。
しって いるものの なまえを，○で かこみましょう。

ペットボトルで ふんすいを つくって みよう。

よういするもの　●ペットボトル…1ぽん　●まがる ストロー…2ほん　●ねんど

1
ペットボトルに みずを いれる。

2
ペットボトルに 2ほんの まがる ストローを さしこむ。

- 1ぽんは みずに つかる ように いれる。
- もう1ぽんは みずに つからない ように いれる。

3
すきまを ねんどで ぴったり ふさぐ。

れんしゅうして, おうちの ひとに みせて あげよう。

どうぐを みせる

- ここに あるのは たねも しかけも ない, ふつうの ペットボトルと みずです。
- この ストローを ふうっと ふくと さて, どう なるでしょうか…。

つよく いきを ふきこむ

ふ〜っ!!

そとで やろう!

ふんすい みたい!

できたら, シールを はろう。

シール

58 せみは どんな なきごえかな？

せみは種類によって鳴き声が異なります。コードを利用して，実際の鳴き声をきくことができます。

せみと なきかたを ●——● で つなぎましょう。

★うすい せんは なぞりましょう。

コードで なきごえが きけるよ！

- ツクツクホーシ
- つくつくぼうし
- ひぐらし 
- ミーン ミンミン…
- シャーシャー
- あぶらぜみ
- みんみんぜみ
- カナカナ
- ジージー
- くまぜみ

たくさんの せみが いっせいに なく ようすを 「せみしぐれ」と いうよ。

夏に見られる，昆虫の特徴を知ります。

59 なつの むしを かんさつしよう

なつには どんな むしが みられるかな。□（むしの ことば）を よんで，★に むしシールを はりましょう。

60

はなを みて みよう

ただしい ほうに ○を つけましょう。

あさがおを みて みよう!

はなは どちらから さくかな？

つるの うえの ほうから さく。

つるの したの ほうから さく。

いちど しぼんだ はなは、どう なるかな？

つぎの ひ	つぎの ひ
 またまた こんにちは！	 もう だめだ！
つぎの ひに また さく。	もう さかない。

つるの まきかたは どちらかな？

うえから みると みぎまき。

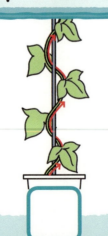
うえから みると ひだりまき。

61 はなびの ぬりえを

はなびや どうぶつたちに すきな いろを ぬりましょう。

ぼくたちも ぬってね！

62 うちあげはなびを まねして みよう

> 花火の形を意識させてから、体を使って花火を表現します。

うちあげはなびを からだで あらわそう。できたら, シールを はりましょう。

コードで うごきかたの どうがが みられるよ！

 しゃがんで → のびて ヒュー

ドーン！ ジャンプ！

シール

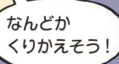なんどか くりかえそう！

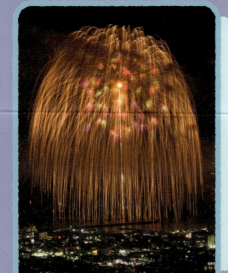

 しゃがんで → のびて ヒュー

りょううでを ひらき, てを ひらひら させながら おろす。

シャラ ラララー

シール

63 あつい なつを げんきに すごそう

シールを貼りながら，熱中症対策を知ります。

そとで すごす とき，どんな ことに きを つければ いいかな。
シールを はりましょう。

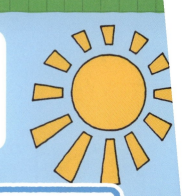

すずしい ふくを きよう。

のみものを もちあるこう。

つめたい タオルで くびを ひやそう。

ぼうしを かぶろう。

ひかげで やすもう。

あつい ひも，げんきに すごせるように きを つけよう！

のみものを のもう。

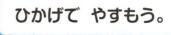

親子で相談して，目標を1つ決め，1週間実行できたら，大いにほめてあげてください。

64 なつの あいだに がんばろう

いっしゅうかん がんばる ことを 1つ きめましょう。
できたか どうか，いろを ぬりましょう。

がんばる ことは，おうちの ひとと そうだんして きめよう！

つくえを ふく。

しょっきを かたづける。

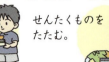
せんたくものを たたむ。

てがみや しんぶんを とって くる。

▼てんせんで きりとって，みえる ところに はろう。

がんばる こと

			もうすこし	できた！	よくできた！
がつ	にち	ようび	😐	🙂	😃
がつ	にち	ようび	😐	🙂	😃
がつ	にち	ようび	😐	🙂	😃
がつ	にち	ようび	😐	🙂	😃
がつ	にち	ようび	😐	🙂	😃
がつ	にち	ようび	😐	🙂	😃
がつ	にち	ようび	😐	🙂	😃

おうちの ひとに みせて，シールを はって もらおう！

シール

答えとまるつけのポイント

まるつけをするときのポイントや、声かけのしかたをのせています。参考にしてください。

1 植物や虫に注目すると、たくさんの春を見つけることができますね。絵のお父さんの様子から、春のあたたかな空気を感じたお子さんもいるかもしれません。実際に外で春探しをしてみてください。

2 地域によって見られる時期が異なるので、このページは実際に見られるようになってからやるといいですね。ドリルを持って外に出て、写真と本物を見比べながらシールを貼りましょう。

3 ひな人形を飾ったり、ちらし寿司などを食べてお祝いしたりといった、桃の節句の風習を知ります。段飾りを飾る家庭も今では少ないかと思いますが、ひな祭りに関わる言葉を知る機会ととらえましょう。

4 今ではあまり機会がないかもしれませんが、貝を使ったこのような昔ながらの遊びがあったことを話してあげましょう。貝に描かれた絵は、どれも春に見られる植物です。

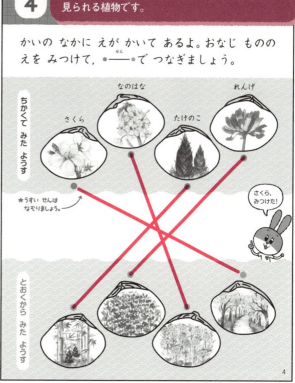

5

迷路の線が細くて長いので、ていねいにたどるようにするといいですね。動物や虫や植物は、春になるとどのように変化するか、迷路をしながら会話も楽しみましょう。

ただしい ほうを えらんで、ゴールまで すすみましょう。

6

春になると見られる変化を、生活の中で見つけます。他にも、窓を開けるようになった、着るものが薄手になってきたなど、気づいたことを話し合ってみましょう。

ただしい ほうを えらんで、シールを はりましょう。

例「上着(コートなど)を着なくなった。」など

7

俳句は五・七・五の音でできていることを指で数えて確かめながら、声に出して読んでみましょう。季語にこだわることなく、五・七・五でお子さんなりの俳句を作ってみるのもいいでしょう。

ゆびを おりながら、はいくを よんで みましょう。

8

桜の花びらが風に舞っている様子を「桜吹雪」と言います。「桜の花びらがいっぱい。桜吹雪がきれいだね。」とお子さんに話しかけながら一緒に迷路を楽しみましょう。

さくらふぶきの なかを とおりぬけて、ゴールまで すすみましょう。

おなじ みちは 2ど とおれないよ。

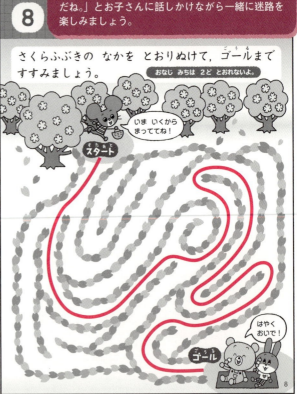

13

たんぽぽは身近な花です。実際に雨の日の花の様子などを観察してみるといいですね。花びらのように見えるのが1つの花です。だから、綿毛の1つ1つに種がついているのですね。

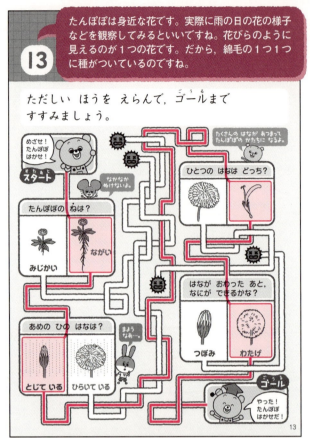

14

たんぽぽの綿毛飛ばしやなずなのすずの他にも、おおばこの茎でひっぱりずもうをしたり、しろつめくさの花でかんむりを作ったりする遊びもやってみましょう。

15

菜の花を見つけたら、ついている虫を見てみましょう。あぶらむしは、ありに分泌物を与える代わりに天敵から守ってもらいます。虫もそれぞれの場所で上手に生きているのですね。

16

ありはよく知っている生き物ですが、大人でも正しく描けないものです。描いてから、本物のありと比べてみると、うろ覚えだったところがはっきり認識できます。体は頭・胸・腹に分かれています。

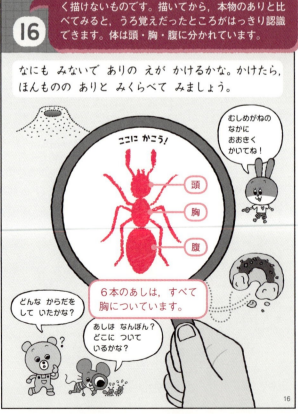

68

答えとまるつけのポイント　まるつけをするときのポイントや，声かけのしかたをのせています。参考にしてください。

17
簡単なチューリップの作り方を紹介しています。できたら紙に貼って，チューリップの花壇にしましょう。

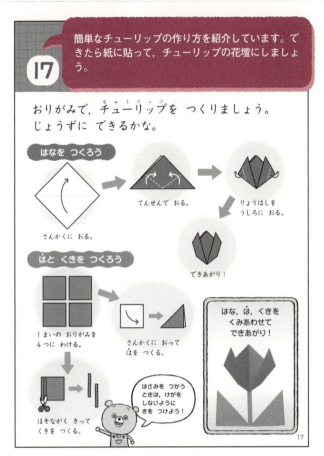

18
蝶の作り方です。半分に折って切ると左右対称の形ができます。おうちの方も一緒に作って楽しみましょう。

19
魚は，切り身や刺身になって店に並んでいることが多いので，元の魚の形を知らないことが多いものです。春が旬の魚を取り上げました。一緒に買い物に行って魚を見つけてみましょう。

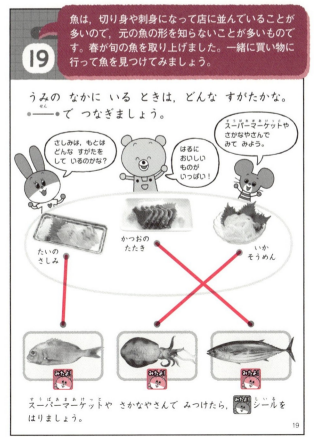

20
切る前に予想をして，実際に切って自分の目で確かめるという手順が大事です。ここでは春が旬のいちごと玉ねぎを取り上げましたが，他の野菜や果物も縦や横に切ったらと予想して，確かめてみましょう。

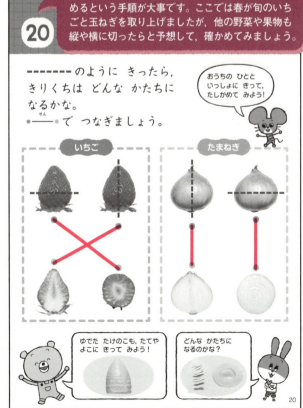

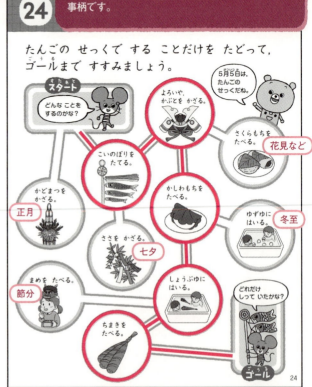

答えとまるつけのポイント

25
飛び出すカードです。母の日のカードに使ってもいいでしょう。絵を描いたり、お手紙を書いたり、自由に作りましょう。

山折りするところと谷折りするところをおうちの方が一緒に確認しながら教えてあげてください。はじめに線にそってしっかり折り目をつけておくと、ハートの部分を折りこみやすくなります。

カードを贈るときに感謝の言葉を添えて渡せるといいですね。カードの他に、似顔絵やお手伝い券などを贈るのもいいですね。

27
つばめの暮らしがわかる迷路です。案外身近につばめの巣があるものです。お子さんと探してみましょう。

28
よく知られている鳥の鳴き声です。かっこうは夏の初めのころですが、うぐいすやひばりは春の鳥です。コードで鳴き声をきくことができます。

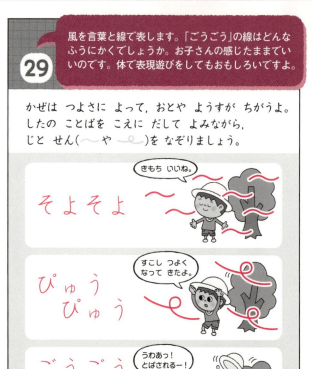
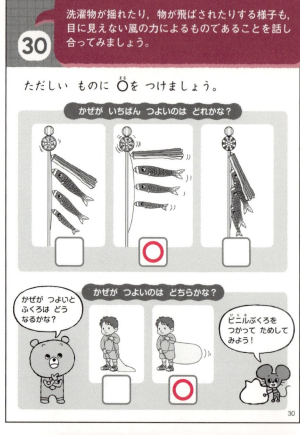

答えとまるつけのポイント

まるつけをするときのポイントや、声かけのしかたをのせています。参考にしてください。

33

衣替えをしながら、「このスカート、来年ははけないね。」「わあ！ このTシャツ、こんなに小さい！」など体の成長を感じることができます。ぜひ、衣替えを親子でやってみましょう。

34

洗濯物をたたむお手伝いをさせてみましょう。ハンカチがたためたら、Tシャツや下着のたたみ方なども教えてみましょう。

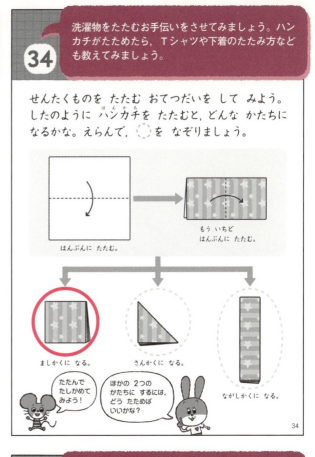

35

かたつむりは身近な生き物なので、実際に見つけて観察してみましょう。「からだの ひみつ」「すすみかた」の問題も、観察しているとわかりますよ。

36

それぞれの生き物になったつもりで、生き物の言葉を声に出して読んでみましょう。雨が好きな生き物と苦手な生き物がいることに気づかせます。

37

迷路がたどれたら，2回目は，順番に声に出して文を読んでみましょう。

ただしい じゅんに なるように めいろを すすみましょう。

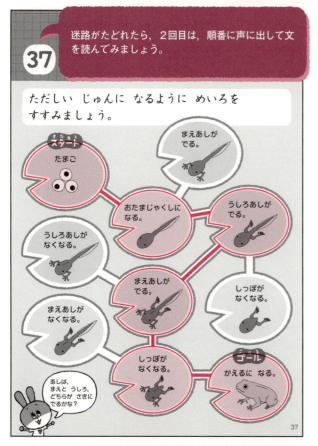

38

コードで実際にジャンプしている動画が見られます。「かえるジャンプ！」「ビューン！」などと言いながら，元気にジャンプしましょう。

かえると ざりがにの ジャンプを まねして みよう。できたら，シールを はりましょう。

39

個人差はありますが，6歳前後から12歳くらいまでに，乳歯から永久歯へと生え変わります。ぜひこの機会に，一緒に鏡を見ながら，お子さんの歯の様子を確認してみてください。

はの かずを かぞえて みよう。かぞえたら，えと すうじを ●―― で つなぎましょう。

40

当たり前にできていることでも，ほめてもらうとうれしくなります。習慣化できていることでも，認め励ますことで，よりよい習慣として身につきます。

まいにち ただしく はを みがけて いるかな。はみがきを したら，したの「はみがき できたかな？」にシールを はりましょう。

答えとまるつけのポイント

まるつけをするときのポイントや,声かけのしかたをのせています。参考にしてください。

41 ①の春の庭と比べてみましょう。夏らしいところがたくさんありますね。いくつ見つけられますか。

42 春のように,夏探しに出かけましょう。図鑑も一緒に持っていけば,もっとたくさんの夏が見つかり,夏博士になれますよ。

43 間違い探しでは,「ここが違う。」と見つけるだけでなく,「ねずみさんが乗っている台が四角だけど,こっちは,ボールに乗っている。」と違いを言葉で説明できるようになると,話し上手になりますね。

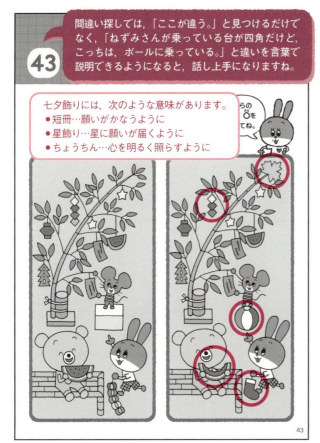

44 よく光っている見つけやすい星です。夜空を見上げながら親子でどんな話が弾むでしょうか。七夕の神話のお話を絵本などで読んであげるのもいいですね。

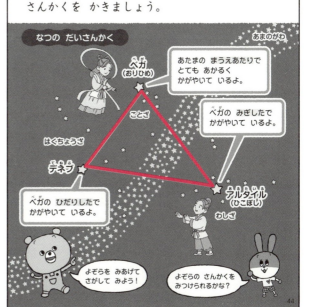

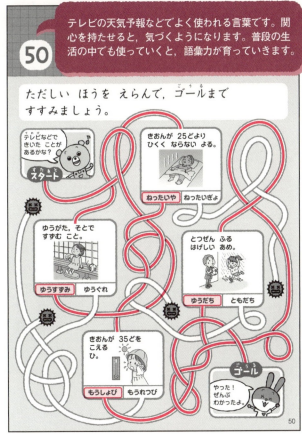

答えとまるつけのポイント
まるつけをするときのポイントや、声かけのしかたをのせています。参考にしてください。

57 ①から⑥の文を声に出して読みましょう。土の中で過ごすことは知っていたり、せみの抜け殻を見つけたりしたことはあると思いますが、①から⑥の中で初めて知ったこともあると思います。

58 コードで鳴き声をきくことができます。実際に鳴き声を聞いて、せみの種類が当てられるでしょうか。挑戦してみましょう。

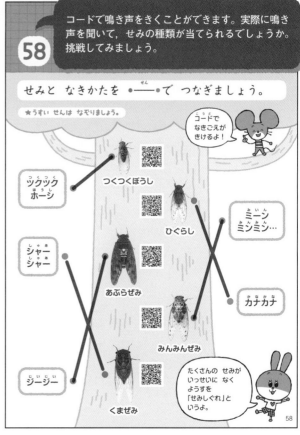

59 夏の虫の言葉を読んでシールを貼ります。貼り終えたら、虫になりきってもう一度読んでみましょう。

60 実際に朝顔を観察して、どちらが正しいかを確かめます。一度しぼんだ花に目印をつけておいて、翌朝確かめてみましょう。

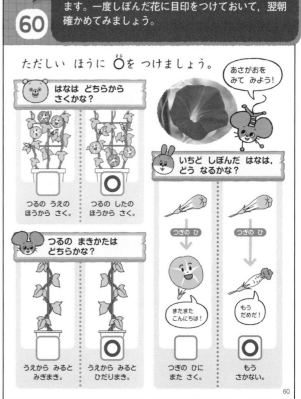

61

ぬり絵のページです。色鉛筆でもクレヨンでもよいでしょう。はみ出して塗ってもOKです。親子で一緒に塗っても楽しいですね。

はなびや どうぶつたちに すきな いろを ぬりましょう。

62

ここでは花火を体で表現します。コードで見られる動画を参考にしてもいいですね。線香花火、ねずみ花火も体で自由に表現してみましょう。

うちあげはなびを からだで あらわそう。できたら、シールを はりましょう。

63

熱中症にならないように気をつけていることを、絵を見ながら話し合いましょう。

そとで すごす とき, どんな ことに きを つければ いいかな。
シールを はりましょう。

64

夏にやってみたいことを1つ決めます。決めたことを「がんばること」の欄に書きます。1週間やることで、習慣づけにつながります。

いっしゅうかん がんばる ことを 1つ きめましょう。できたか どうか、いろを ぬりましょう。